초등과학 Q 7

날씨 탐험대

구름과 바람이 만드는 세상

이진규 글 김소희 그림 허창회 감수

그레이트 BOOKS

등장인물

오구름
◇
오늘이 할아버지이자 오태풍의 아버지

오태풍
◇
GBBS 기상 캐스터. 날씨를 사랑해서 기상 캐스터가 되었지만 허술한 성격 탓에 1일 1 방송 사고를 친다.

오늘
◇
11살 초등학생. 평범하게 살고 싶지만 아빠 덕분에 하루도 조용한 날이 없다.

차례

등장인물 * 4
오늘, 알파링에 접속하다 * 8

1장 바람과 태풍
Q 바람은 왜 부는 걸까? * 18
Q 바람이 부는 방향은? * 24
Q 태풍은 대체 왜 생기는 거야? * 27
젤리O의 날씨 특강 * 35

2장 구름과 비, 눈
Q 구름은 어떻게 만들어질까? * 42
Q 비와 눈은 뭐가 다를까? * 46
Q 구름 위에서 엄청난 에너지 파티가 일어난다고? * 51
젤리O의 날씨 특강 * 56

3장 미세 먼지

Q 미세 먼지는 얼마나 미세한 거야? *62

Q 작다고 나쁜 건 아니잖아?
   나쁜데 작아서 문제지 *65

젤리오의 날씨 특강 *77

4장 지구 온난화

Q 펭귄 가슴털이 왜 흙투성이야? *86

Q 이사 갈 나라를 구해야 한다고? *91

Q 코알라가 사람에게 물을 얻어 마신다고? *96

Q 하얀 산호초가 좋아, 알록달록 산호초가 좋아? *100

Q 인간이 쏘아 올린 너무 뜨거운 공, 지구 온난화 *104

젤리오의 날씨 특강 *111

날씨 사랑은 계속된다 *112

오늘, 알파링에 접속하다

"야, 오늘! 너네 아빠 어제도 사고 치셨더라! 크크."

"응…. (그래, 큰 파리를 먹었지.)"

"너네 아빠 개구리인줄?"

"내 말이…. (그만 좀 하지?)"

예상대로다. 뉴스 같은 건 거들떠보지도 않는 애들이 기상 예보는 어떻게 다 본 거지? 하긴, 뉴스를 안 봐도 아빠의 움짤은 이미 인터넷에 다 퍼졌겠지. 기상 예보를 하던 아빠 입에 파리가 들어간 걸 못 본 애는 아마 아무도 없을 거야.

아빠는 정말 왜 그럴까. 예보를 하다가 지나가는 개한테 엉덩이를 물리고, 부분 가발이 바람에 날아가고, 이제는 하다못해 파리를 삼키다니! 그럴 거면 우리 아빠라는 소문이나 내지 말 것이지. 학교에 특강까지 와서 "오늘이 아빠, 오태풍입니다!"라고 소개할 건 또 뭐냐고. 아빠 때문에 내 11살 인생은 너무 힘들다.

이름이 '오늘'이라고 놀림받는 건 차라리 괜찮아. 아빠라는 사람이 하루가 멀다 하고 사고를 치니 이젠 학교 가기가 무서울 정도야. 하지만 화를 내 봤자 무슨 소용이겠어. 조용히 졸업할 때까지 버티기로 했어, 나는.

그때쯤이면 우리 아빠는 하도 사고를 많이 쳐서 회사에서 잘리지 않을까? 그럼 내가 우리 아빠 딸이라는 걸 사람들이 잊어버리겠지?

하지만 불안해. 인터넷에서 웃긴 기상 캐스터로 점점 인기가 많아지고 있거든. 아빠는 창피하지도 않은 걸까?

띠리리리링. 아빠 전화다. 으~ 받기 싫어.

"여보세요."

"오늘, 학교 잘 다녀왔어?"

"몰라. (아빠라면 잘 다녀왔을 것 같아?)"

"오늘이 목소리가 왜 그래? 화났어?"

"아, 왜. (그걸 말이라고 해?)"

"오늘아, 혹시 지금 아빠 방에 갈 수 있니? 아빠가 급히 필요한 책이 있는데 그게 집에 있나 해서."

"뭔데? (아, 귀찮아.)"

"파란 하늘 빨간 지구."

"지금 바빠. 이따 찾으면 전화할게."

"응. 고마워. 오늘아, 아빠 오늘 좀 늦을 거야. 오늘 밤에 비 많이 오니까 학원 끝나면 바로 집에 가서 저녁 먹고 있어."

"알았어."

아휴, 잔소리. 사고나 치지 말지. 그나저나 책은 어디에 있는 거야?

어? 아빠 책상 서랍이 열려 있네? 항상 잠겨 있었는데.

그런데 이건 뭐지? 접근 금지?

이거 왠지 더 열어 보고 싶은데?

알…파…링? 스마트 워치랑 비슷한데? 뭐 이런 짝퉁을 사서 나한테는 보여 주지도 않고 혼자 갖고 노는 거야? 이런 건 딱 봐도 아빠보다야 나한테 어울리지!

아, 그런데 손목에 찼더니 왜 눈앞이 뿌예지지?

어! 이거 왜 이래? 아빠한테 혼나면 어쩌지? 악! 어떡해!

젤리O가 사라지자 잠시 허공을 빙빙 도는 기분이 들었어. 정신을 차리고 보니 아까 서 있던 그대로 아빠 방에 있었어. 잠시 어지럽긴 했지만 그런 기분도 금세 가셨고 말이야.

그런데 알파링이 뭐기에 우리 가족이라면 누구나 접속할 수 있다는 거지? 아빠는 지금까지 이걸로 기상 예보를 한 걸까? 궁금한 게 한두 가지가 아니었어.

창밖에는 아빠 말 대로 비가 왔어. 알파링 때문인지 유난히 몸이 무겁게 느껴졌지.

'아빠가 언제 올지 모르니 오늘은 후퇴. 조만간 다시 보자, 젤리O!'

졸려….

알파링이 할아버지랑 아빠와 무슨 관계인지 꼭 알아내고 말 거야.

아, 근데 눈꺼풀이 왜 이렇게 무겁지? 너무 나른해….

오늘아, 아빠 태풍 때문에 다시 방송국에 나가야 해. 자고 있어서 그냥 간다. 아빠 기다리지 말고 먼저 자~.

윽. 잠깐 존 줄 알았는데 벌써 밤이네. 알파링 체력 소모가 장난 아닌가 봐. 어, 그러고 보니 나 학원도 안 갔네? 아빠가 알면 난리 날 텐데 아직 모르시나 봐. 내가 알파링 차 본 것도 아직 모르시겠지? 그럼 알파링을 차러 가 볼까?

나는 조용히 아빠 방으로 들어갔어. 서랍 안에는 아까처럼 알파링이 고이 모셔져 있었지. 젤리O한테 얼른 아빠 얘기를 물어봐야겠어.

몸이 작아진다니 덜컥 겁이 났어. 이래도 되는 걸까? 안 그래도 작은데 원래대로 커지지 않으면 어쩌지? 그나저나 태풍에 대해 알려 준다더니 웬 바람?

나는 어쩔 수 없이 젤리O를 따라갔어. 실은… 바람이 되어 날아 보니, 생각보다 신나더라고?

　　상식이 부족하다니 자존심이 상했지만 어쩔 수 없잖아. 모르는 걸 모른다고 당당하게 말하는 게 진짜 용기라고 아빠가 말했거든. 이 상황에서 용기가 난 게 좀 어이없지만 말이야.

젤리O의 저런 말투는 대체 누가 설정한 거야? 기분 나쁘지만 착한 내가 참아야지.

아, 나 지금 맞장구친 건가? 심지어 공부 비슷한 걸 하네. 왠지 젤리O한테 점점 빠져드는걸!

바람이 부는 방향은?

그런데 젤리O, 우리 지금 어느 방향으로 가는 거예요? 바람을 따라 간다면….

저기압 쪽으로 가고 있어요. 기압이 높으면 고기압, 낮으면 저기압이라고 해요. 공기는 고기압에서 저기압으로 움직이죠.

고기압, 저기압이라면 아빠가 기상 예보에서 자주 하는 말이잖아. 뭔가 더 캐면 아빠 얘기를 해 주겠지 싶어 젤리O가 하는 말에 장단을 맞추었어.

그렇군요. 근데 저는 기압이 높고 낮은 걸 잘 못 느끼겠던데요?

고

저

잘 느끼지 못하는 게 당연합니다. 우리가 사는 공간에서는 기압이 일정한 편이니까요. 하지만 지표면에서 수 킬로미터 정도 높은 곳에서라면 얘기가 달라집니다.

젤리O가 자화자찬이 좀 심하긴 했지만 그래도 설명을 들으니 바람이 부는 원리를 좀 알 것 같았어. 그렇지만 어처구니없게도 새로운 의문이 생겼지. 나 젤리O한테 왜 이리 말려드는 거지?

태풍은 대체 왜 생기는 거야?

이제 우리 아빠 오태풍 이야기 좀 해 주세요.

태풍 말씀이시군요? 곧 가려고 했습니다. 자, 열대 지역으로 출발합니다!

우아, 정말 남의 말을 안 듣는 편이네요! 그나저나 저거 뭐예요? 어마어마한 바람 덩어리 같아요!

저게 바로 태풍이에요. 상당히 위력이 강해진 상태예요.

와! 공기가 마구 솟구치면서 구름에서 큰비가 쏟아지네요.

태풍은 한여름 태양이 뜨겁게 내리쬘 때, 열대 지역에서 만들어지는 저기압 덩어리예요. 수증기를 잔뜩 머금은 공기가 강하게 올라가서 만들어진 구름이니 비가 많이 내리는 거예요.

바람도 장난 아니게 부는데요?

위로 솟구치는 공기 때문이에요. 저기 보이죠? 열대 지역의 바다는 열이 많아서 공기가 위로 올라가요. 공기가 위로 올라가면 구름이 만들어지겠죠? 구름이 만들어지면서 수증기가 갖고 있던 열이 밖으로 빠져나가요. 그러면 대기의 온도는 더 높아지죠. 온도가 높아지면 상승하는 기류는 더 세지고요.

태풍이 만들어지는 순서

1. 열대 바다에서 수증기 올라감

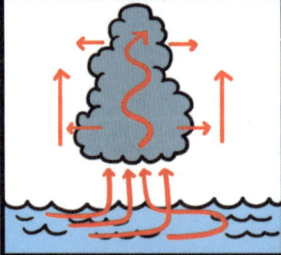
2. 수증기가 상승하면서 열을 방출해 기온이 높아짐

3. 기온이 높아지면 더 큰 상승 기류가 생겨 구름이 점점 커짐

아까 봤던 지구의 모습 생각나나요? 열대 지역에는 태양 에너지가 많았죠? 태풍은 이렇게 한곳에 너무 많이 모인 에너지를 퍼트려요. 한여름 너무 뜨거워진 바다 표면의 물을 큰 바람을 일으켜 위아래로 섞어 주기도 하고, 가뭄이 심한 지역에 물을 뿌려 주기도 하죠. 이런 식으로 지구 남쪽과 북쪽의 기온 차이가 극심할 때 균형을 맞춰 주는 거예요. 태풍을 막는다? 젤리O는 물론 할 수 있어요. 하지만 해서는 안 될 일이라서 안 하는 거예요.

태풍이 그런 거였구나. 해마다 여름이면 태풍 피해가 역대급이다, 이재민이 몇 명이다 이런 뉴스만 봐서 나쁜 건 줄만 알았는데, 그게 아니었어.

정신을 차리고 보니 다시 아빠 방이었어. 시계를 보니 겨우 10분 정도 지났을 뿐이더라고. 처음 접속했을 때보다는 괜찮았지만 역시 이번에도 어지럽고 몹시 피곤했어.

아, 정말 이상해. 이 알파링이라는 거 대체 뭐지? 너무 현실 같잖아.

젤리O가 하려던 말은 뭐였을까? 할아버지가 알파링이랑 무슨 상관이 있지?

그보다… 이건 너무 대단한 날씨 프로그램이잖아? 우리 아빠가 웃기는 기상 캐스터인 것도 모자라 미치광이 과학자였단 말이야?

악! 궁금해 궁금해~~.

젤리O의 날씨 특강

바람, 넌 누구냐?

바람을 어떻게 재지?

바람은 풍향계, 풍속계, 또는 풍향 풍속계로 재요. 높이에 따라 다르고, 주변 환경에도 영향을 받기 때문에 바람 관측은 대개 지상 10미터 높이에서 하죠.

풍속이란?

바람의 빠르기를 말해요. 보통 대기가 1초 동안 흘러간 거리를 말하죠. m/s라는 단위를 쓰고 미터 퍼 세컨즈라고 읽어요.

풍향이란?

바람이 불어오는 방향이에요. 둥그란 원판을 16등분하여 나타내죠. 풍속과 마찬가지로 보통 10미터 높이에서 10분 동안 측정한 값을 평균 내어 표시해요.

계절풍

바람은 계절에 따라 일정한 방향으로 부는 경향이 있어요. 이를 계절풍이라고 하고 영어로는 몬순(monsoon)이라고 해요. 계절풍은 기후의 특징을 나타내는 중요한 요인이에요. 우리나라는 겨울에 북서풍이, 여름에는 남동풍이 주로 불어요. 이 때문에 겨울에는 차고 건조한 날씨, 여름에는 습하고 무더운 날씨가 계속된답니다.

우리나라 계절풍

 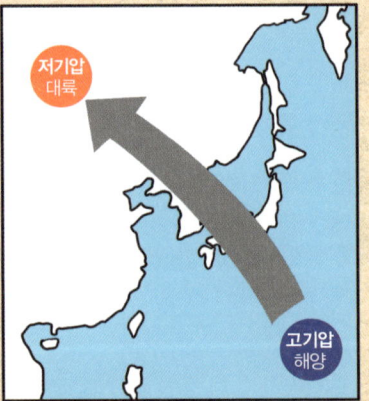

북서 계절풍
* 차갑고 건조한 시베리아 고기압 공기가 들어옴
* 대륙에서 해양으로 공기 이동
* 일기: 혹한·삼한사온·한랭건조

남동 계절풍
* 뜨겁고 습기가 많은 북태평양 고기압 공기가 들어옴
* 해양에서 대륙으로 공기 이동
* 일기: 혹서·열대야·고온다습

'그건 절대 꿈이 아니었어.'

나 너무 피곤했나 봐. 어제 접속이 끊어지자마자 내 방에 들어가서 곯아떨어진 거 있지.

부엌에서 달그락거리는 소리가 들리는 걸 보니 아빠가 아침을 준비하는 것 같군. 아빠한테 알파링에 대해 물어볼까? 아냐. 괜히 혼만 나고 다시는 알파링을 못 만지게 될지도 몰라. 일단 나가 보자.

"일어났니? 오늘 아침은 딸기잼을 바른 보들보들 구름 식빵이야!"

"아빠, 제발 좀! 왜 먹는 거에도 구름이니 하는 이름을 붙이냐고!"

앗! 나도 모르게 또 짜증을 냈네. 그럴 생각은 아니었는데….

내가 싫은 소리 좀 했다고 아빠가 고양이 눈을 하고 나를 말똥말똥 쳐다만 보는 거 있지. 쳇. 어울리지 않게 귀여운 척은.

"아빠, 어제 풍속이 초속 40미터가 넘었다던데 괜찮았어? 이제 세력이 좀 약해졌나?"

"어?"

앗. 나도 모르게 어제 젤리O한테 배운 대로 말해 버리고 말았어.

"아빠는 괜찮은데 농가 피해가 많았어. 시설물도 많이 망가졌고. 태풍은 일본 쪽으로 물러갔어."

아빠가 진심 놀란 눈치였어. 그런데 씩 웃긴 왜 웃어? 내가 날씨 얘길 하니까 신기한가? 빨리 말을 돌리자!

"아빠, 오늘은 제발 사고 치지 마. 아빠가 파리를 먹은 것 때문에 애들이 나를 얼마나 놀렸는지 알아? 좀 평범하게 살자. 응?"

"응? 응. 그래야지…."

일부러 다다다 아빠에게 퍼붓고 나서 내 방으로 도망쳤어. 그래, 오늘 밤 다시 알파링에 접속해 보자. 젤리O가 자기 할 말만 하는 바람에 아빠나 할아버지가 알파링이랑 무슨 관계인지 하나도 알아내지 못했잖아.

역시 오늘도 젠리O는 말을 끝까지 듣지도 않고 자기 할 일만 하는군. 순식간에 몸이 둥둥 뜨는 기분이 들었어. 그런데 희한하게도 이번에는 왠지 설레는 기분이야. 크크.

구름은 어떻게 만들어질까?

자, 우리는 수증기를 타고 구름 속으로 가서 구름이 어떻게 만들어지는지 볼 거예요. 어때요? 몸이 가벼워진 느낌이 드나요?

오, 그러네요. 몸이 둥둥 가벼워진 것 같아요. 근데 귀가 좀 먹먹한 것 같네요? 몸도 붓고요.

비행기 탔을 때랑 비슷하죠? 기압이 낮아져서 그래요.

기압이 낮아졌다고요?

평소에는 우리 몸 안과 밖의 기압이 균형을 이루는데, 이렇게 높이 올라오면 바깥 기압이 낮아져요. 그래서 몸에서 바깥쪽으로 미는 압력이 상대적으로 커지죠.

서로 같은 힘으로 밀어야 하는데, 한쪽 힘이 약해지니 반대쪽이 강하게 미는 것 같은 상황을 상상하면 돼요.

몸 안쪽과 바깥쪽에서 같은 힘으로 밀고 있다고? 그럼 아빠 배가 불쑥 나온 건 몸 안쪽에서 미는 힘이 너무 세기 때문인가? 유머 감각이라고는 없는 젤리O가 이 말을 들으면 또 면박을 주겠지? 혼자 이런저런 생각을 하는데, 몸이 으슬으슬 추워졌어.

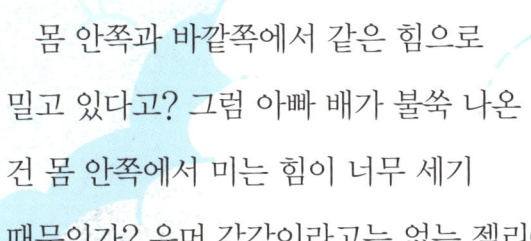

젤리O, 한여름에 왜 이리 쌀쌀하죠? 나 감기 걸렸나?

기압이 낮아지면 공기가 빈곳을 채우려고 덩치를 키우는 일을 해요. 일을 하면서 에너지를 잃기 때문에 기온이 내려가죠. 오늘 양이 춥다고 느끼는 건 그 때문이에요.

축축해지는 기분이 드는 건 왜죠?

위로 올라간 수증기 덩어리 중 일부는 열을 빼앗겨 물방울이 돼요. 그래서 축축한 거예요. 대기 위쪽 기온이 0도 아래로 내려가면 수증기 속 물방울은 작은 얼음 알갱이가 되기도 하죠. 이렇게 만들어진 물방울과 얼음 알갱이가 모이면 뭐가 될까요?

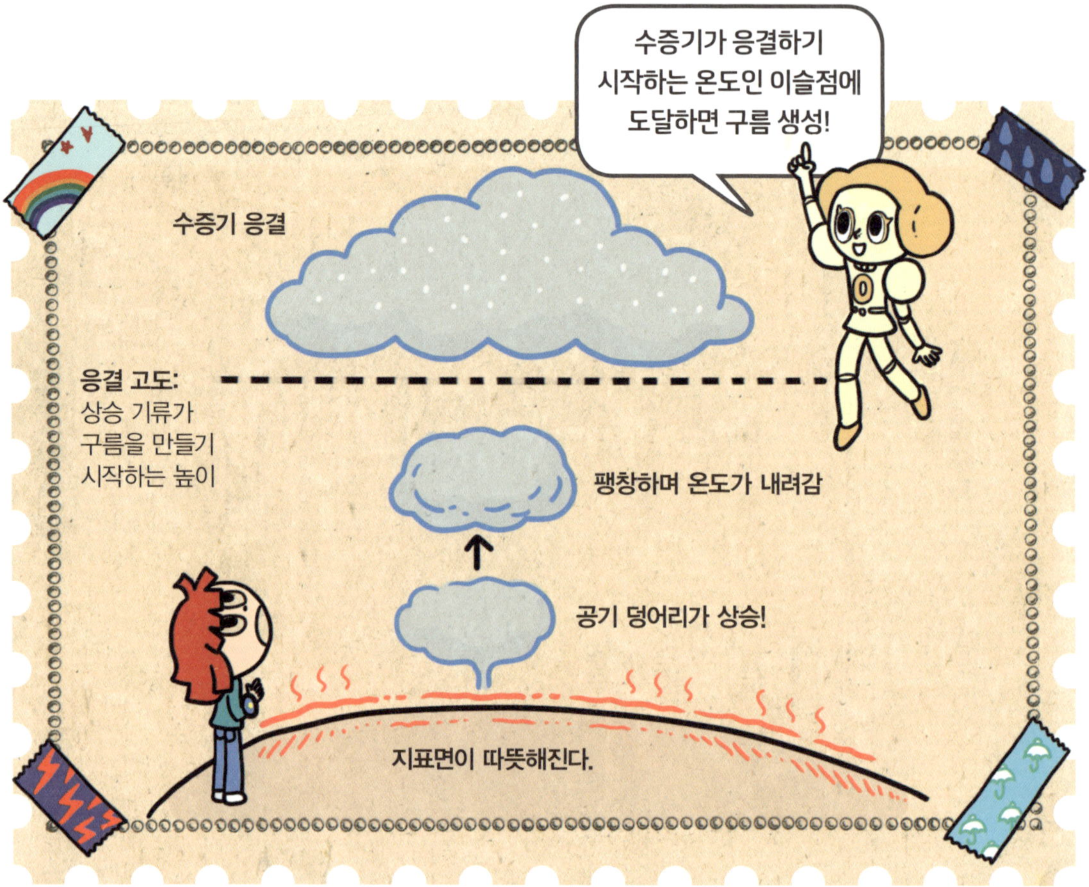

또 할아버지 얘기야? 그럴 거면 속 시원하게 할아버지 얘기를 해 줄 것이지…. 아니, 그보다 지금 내가 어떻게 된 거지? 아까보다 조금씩 몸이 무거워지는 것 같네?

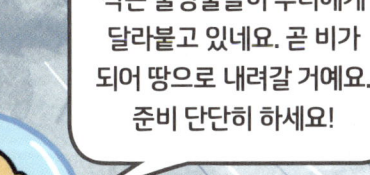
작은 물방울들이 우리에게 달라붙고 있네요. 곧 비가 되어 땅으로 내려갈 거예요. 준비 단단히 하세요!

네? 아무리 그래도 땅에 추락하는 건 좀….

젤리O를 아직도 못 믿는 거예요? 오늘 양은 행운인 줄 아세요. 지금이 여름이라 온도가 높아서 비가 되는 경험도 할 수 있는 거라고요.

으아아악

비와 눈은 뭐가 다를까?

정신을 차려 보니 젤리O가 내 볼을 톡톡 두드리고 있었어.

"정신이 좀 들어요?"

"으으으, 흠뻑 젖었네. 어떻게 이렇게 갑자기 비가 된 거예요?"

"말했잖아요. 물방울들이 서로 뭉쳐서 무거워지면 땅으로 내려온다고요."

"그럼 눈은요? 구름 속에서 얼음 알갱이들이 뭉쳐서 내려오는 거고요?"

"오오, 아주 정확해요. 대기 위쪽에는 기온이 0도에서 영하 40도 사이인 구간이 있는데, 여기에는 얼음 알갱이와 물방울이 같이 있어요."

얼음 알갱이에 물방울이 붙어서 무거워지면 땅으로 떨어집니다. 이게 녹지 않은 채로 내려오면 눈이 되는 거예요. 자, 흠뻑 젖었으니 땅에서 잠깐 쉬죠.

젤리O와 나는 뽀송뽀송한 잔디밭에 앉았어. 우리는 하늘을 올려다보았지. 정신이 쏙 빠지기는 했지만 땅에서 올려다본 구름은 왠지 멋져 보이더라고.

여기서 보니 구름이 참 멋지네요.

젤리O가 보기에도 그래요. 자연은 봐도 봐도 또 놀라워요.

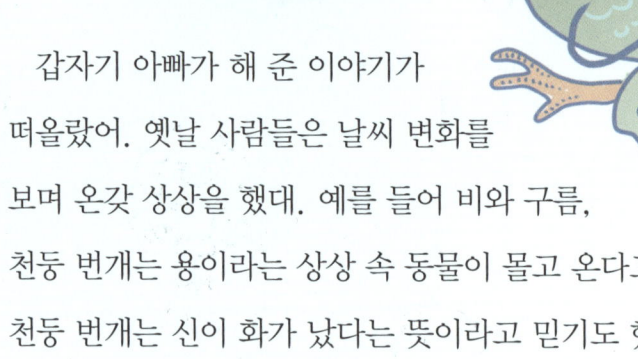

갑자기 아빠가 해 준 이야기가 떠올랐어. 옛날 사람들은 날씨 변화를 보며 온갖 상상을 했대. 예를 들어 비와 구름, 천둥 번개는 용이라는 상상 속 동물이 몰고 온다고 생각했다더라고. 천둥 번개는 신이 화가 났다는 뜻이라고 믿기도 했고.

아빠가 이 얘기를 할 때는 또 날씨 얘기냐고 콧방귀를 뀌었는데, 여기 앉아서 하늘을 보니 과연 그런 상상을 할 만도 하겠다 싶어.

그뿐 아니라 구름 모양을 보고 날씨를 예측하기도 했대. 젤리O에게도 이런 나의 지식을 아주 약간 자랑했지.

구름을 보고 날씨를 알아맞혔다고요? 꽤 과학적이네요. 뭉게구름은 날씨가 맑다는 뜻이고, 새털구름은 바람이 많이 불고 비가 온다는 뜻이니까요.

뭉게구름이니 새털구름이니 하는 이름도 예쁘죠? 모양만 보고 그런 이름을 지은 거잖아요.

그렇게 예쁜 이름을 가지고 있는 할아버지도 행운이라고 할 수 있겠어요. 그뿐인가요? 오늘 양의 아빠 이름은 오태풍. 오늘 양만 좀 다르네요?

앗, 할아버지요?
안 그래도 어제 그 얘기를
하려다 말았잖아요.
우리 할아버지를 어떻게
알아요?

구름을 어떻게 아냐고요?
그럼 홀로그램을 띄워 드릴게요.
구름의 종류를 알아보려면
이 방법이 가장 나아요.

상층운

권적운
양털 모양의 작은
덩어리 구름

권운
줄무늬 모양의 구름

권층운
무리가 나타나는
엷은 층 모양의 구름

수직 발달 구름

적란운
수직으로 발달해
탑 모양을 이루는
큰 구름

중층운

고층운
층 모양의 엷은
흑색 구름

고적운
양 떼가 줄을 지은
모양의 구름

적운
수직으로 두껍게
발달한 구름

하층운

층운
층 모양의 구름

층적운
두껍거나 편평한
덩어리 모양의 구름

난층운
두껍고 눈, 비를 내리는
검은 회색 구름

49

 젤리O는 또 내가 말할 틈도 주지 않고 나를 끌고 하늘로 올라가 버렸어. 할아버지를 어떻게 아는지도 궁금하지만, 이상하게 젤리O가 하자는 대로 끌려다니게 된단 말이야.

구름 위에서 엄청난 에너지 파티가 일어난다고?

구름은 비나 눈만 내리게 하는 게 아니에요. 번개, 천둥까지 전부 구름의 영향을 받죠.

아, 천둥 번개 정말 싫어요. 영화에서 천둥 번개가 치고 나면 꼭 사건이 일어나잖아요.

그건 무슨 엉뚱한 소리인가요. 오늘 양은 어떨 때 보면 똑똑해 보이다가도….

어휴. 또 잘난 척.

우리가 보고 있는 구름은 적란운입니다. 이런 모양의 구름에서 천둥 번개가 내리치기 쉬워요.

번개를 이렇게 가까이서 본 건 처음이어서 그만 까무러칠 뻔했어. 이 정도면 옛날 사람들이 번개를 신의 분노라고 생각할 만도 하잖아. 꼭 불이 내리꽂히는 것 같아. 아이고, 무서워! 바로 이어서 천둥…!

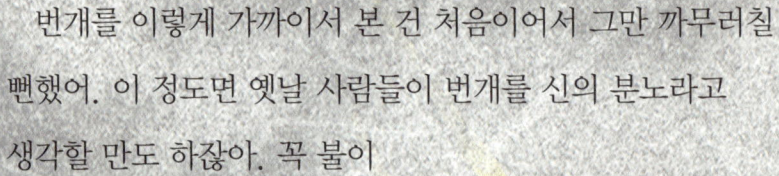

으아아아아! 깜짝야! 왜 번개 뒤에는 천둥이 따라오죠? 무슨 효과음도 아니고….

천둥 번개는 말이죠. 구름 위에서 일어나는 에너지 파티예요.

파티라고요?

구름 입자는 구름 안에서 가만있지 않아요. 이리저리 움직이기도 하고 서로서로 부딪치기도 하죠. 그러면서 전기적 성질이 달라져요. 구름 위쪽에는 양전하, 아래쪽에는 음전하를 띠게 됩니다.

음전하? 양전하? 이게 다 무슨 소리래. 전하라는 게 파티에서 여기저기 쏘다니며 놀다가 서로 부딪쳐 천둥 번개를 일으킨다는 소리야?

이런 현상을 방전이라고 해요. 이때 발생하는 아주 강한 빛이 번개, 엄청나게 큰 소리가 천둥입니다.

빛까지는 이해가 되는데 천둥소리는 왜 나는 거예요?

방전이 일어날 때 온도가 자그마치 3만 도까지 올라가거든요. 앞에서 온도가 올라가면 공기가 덩치를 키운다고 했지요? 그런데 3만 도나 되는 열을 받았으니 얼마나 급격히 커지겠어요. 그래서 이때 펑! 하는 소리가 아주 크게 나는 겁니다. 이게 천둥이죠.

둘이 세트면 같이 오지 왜 따로 와서 사람을 더 무섭게 만든대요?

왜냐면 빛의 속도가 소리의 속도보다 훨씬 빠르니까요. 빛의 속도는 1초에 30만 킬로미터고, 소리의 속도는 1초에 0.34킬로미터 정도예요. 상대가 안 되죠?

아, 그래서 빛이 먼저 도착하고, 그다음에 소리가 도착하는 거구나. 나는 젤리O에게 감탄했지만 안 그래도 잘난 척이 심한 젤리O라서 티는 내지 않았어.

대신 할아버지 이야기나 빨리 물어봤지.

분하다. 어제는 접속 상태가 안 좋다더니 오늘은 시간 초과? 할아버지에 대해서는 파리 발끝만큼도 알아내지 못했잖아. 접속 시간 초과라고? 좋아. 내일은 다짜고짜 물어볼 테다. 기다려, 젤리O!

젤리O의 날씨 특강

비슷비슷해 보이는 말들의 정체를 알려 주마!

강우량과 강수량은 뭐가 다르죠?

강우량의 우(雨)는 비를 뜻해요. 강수량의 수(水)는 물이고요.
강우량은 내린 비의 양만을 말하고, 강수량은 땅에 내린 모든 형태의 물 양을 말해요. 즉, 강수량에는 비는 물론이고 우박, 서리, 안개까지 땅에 떨어져 고인 모든 물이 포함된답니다.

장마나 집중 호우나 그게 그거?

여름철 우리나라에는 차갑고 습한 고기압과 무덥고 습한 고기압이 만나 머물러요. 두 고기압이 만나는 경계에 있는 지역에는 비가 많이 내리는데, 이런 현상이 일어나는 기간을 장마라고 해요. 집중 호우는 한 지역에 짧은 시간 동안 비가 많이 내리는 현상을 말해요. 1시간에 30밀리미터 이상, 또는 하루에 80밀리미터 이상 비가 내릴 때 집중 호우라고 하죠.

 알파링 접속이 끊어지고 나서도 한참이나 정신을 못 차렸어. 흠뻑 젖은 채로 겨우 내 방에 들어가서 죽은 듯이 잤지 뭐야.
 벌써 아침이 된 건가. 아빠가 아침을 준비하나 봐. 오늘도 무슨 모닝 구름 어쩌고 하는 토스트겠지. 확 다 물어볼까? 알파링은 뭐고 할아버지나 아빠는 알파링과 무슨 관계이며, 젤리O가 왜 아빠를 마스터라고 부르는지?
 "오늘아, 뭐 해? 얼른 밥 먹고 학교 가자. 오늘 메뉴는 살구잼을 바른 폭신폭신 모닝…."
 "아빠…. 할아버지는 어떤 분이셨어?"
 "응? 갑자기 할아버지는 왜?"
 "할아버지 할머니에 대해 조사해 오라는 숙제가 있거든."
 어머, 나 왜 이렇게 거짓말이 매끄럽지?

"그래? 음… 네 할아버지는 훌륭한 환경 운동가셨지."

"환경 운동가라고?"

내 기억 속 할아버지는 언제나 방에 틀어박혀서 글을 쓰거나 컴퓨터를 붙잡고 계셨어. 그런데 환경 운동가?

"응. 환경 운동가. 할아버지는 날씨가 너무 빠르게 변해서 동물이 고통을 겪으리라는 걸 아주 일찍부터 예상하셨어. 그런 예측들을 글로 써서 세상에 알리기 위해 많은 노력을 하셨지."

"그런데 왜 아무도 할아버지를 몰라? 나도 처음 듣는 얘기인데?"

"그건… 앗! 벌써 시간이! 오늘아, 아빠 늦겠다. 얼른 먹고 너도 학교 가. 아빠 먼저 나갈게!"

"앗, 아빠!"

이상하다. 역시 뭔가 이상해. 아빠답지 않게 왜 부지런을 떠는 거야? 좋아. 어쩔 수 없이 오늘도 알파링에 접속해야겠다. 내 힘으로 비밀을 알아내겠어!

분하지만 젤리O 말이 틀린 것도 아니었어. 내가 할 말이 없어 볼을 씰룩거리고 있으니 젤리O는 은근슬쩍 홀로그램을 쏘았어.

이우. 못 이기는 척 '예스'를 눌러야지 어쩌겠어. 할아버지에 대해 알아낸 게 거의 없다는 게 분하지만, 날씨 프로그램은 언제나 짜릿했으니까.

미세 먼지는 얼마나 미세한 거야?

이번에도 역시 몸이 가벼워지고 붕 뜨는 기분이었어. 설마 직접 미세 먼지가 되는 거야? 마스크에 착 달라붙거나 필터에 걸러지는 그 미세 먼지?

미세 먼지가 되려면 얼마나 작아져야 해요?

안 그래도 거기부터 시작하려고 했어요. 미세 먼지는 PM10, 초미세 먼지는 PM2.5 이렇게 표시하죠. PM은 크기가 작은 미세 먼지를 뜻하는 Particulate Matter의 머리글자를 딴 약자예요.

PM 옆에 숫자가 있죠? 이건 미세 먼지 지름을 말합니다. 지름의 단위는 마이크로미터고, 기호는 μm으로 표현해요.

사람 머리카락 50~70μm

초미세 먼지 2.5μm

미세 먼지 10μm

미세한 모래알 90μm

미세 먼지 크기 비교와 예보 등급

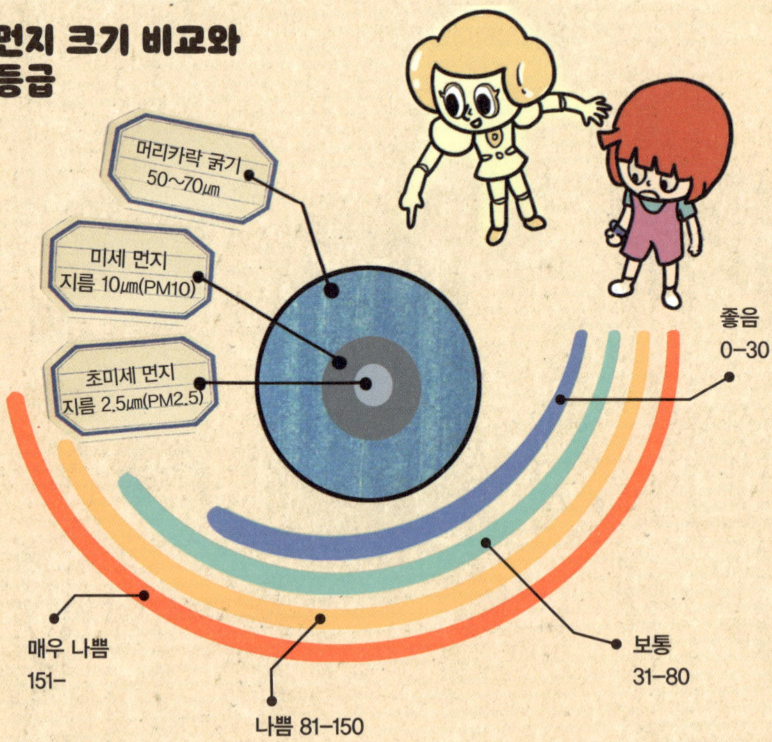

- 머리카락 굵기 50~70㎛
- 미세 먼지 지름 10㎛(PM10)
- 초미세 먼지 지름 2.5㎛(PM2.5)

- 좋음 0-30
- 보통 31-80
- 나쁨 81-150
- 매우 나쁨 151-

● 매우 나쁨
● 나쁨
● 보통
● 좋음

미세 먼지 나쁨 : 긴 시간 또는 무리한 바깥 활동은 좋지 않아요. 눈이 아프거나 기침이나 목에 통증이 있는 경우 바깥 활동을 피하세요.

미세 먼지 매우 나쁨 : 가능한 한 실내 활동만 하고 특히 민감한 어린이나 노약자, 혹은 만성 질환이 있는 사람은 주의하세요.

출처: 한국환경공단

실제 기상 예보에서는 미세 먼지 농도에 따라 구분해서 좋음, 나쁨이라고 표시하거나 "미세 먼지가 기승입니다." "미세 먼지 농도가 평소에 비해 2배 높아졌습니다." 하는 식으로 표현해요.

작다고 나쁜 건 아니잖아? 나쁜데 작아서 문제지!

무슨 말인지 잘은 모르겠지만, 하여튼 되게 작다는 거겠지? 그렇게 이해하면 되는 거잖아? 그런데 그렇게 작은 입자로 나를 바꿔도 되는 걸까? 으아아, 물방울이 됐을 때보다 더 울렁거리는 것 같은데?

"으아아아! 너무 작아진 거 아니에요? 울렁거려서 토할 거 같아요."

"곧 적응할 거예요. 지금 우리는 마스터 방을 떠돌고 있어요. 미세 먼지가 어떻게 움직이는지 곧 보여 줄게요. 그나저나 마스터 방도 미세 먼지 농도가 상당하네요. 마스터에게 환기하고 공기 청정기를 돌리라고 전해 주세요."

"그런데 젤리오, 미세 먼지가 뭐길래 이렇게 난리예요? 보통 먼지라고 말하는 그런 거보다 나빠요?"

잘난 척을 좋아하는 젤리오라 웬만하면 이런 질문은 하고 싶지 않았지만…. 사실 먼지라는 건 원래부터 있었잖아? 앞에 '미세'가 붙었을 뿐인데 왜 큰 문제인지 잘 모르겠더라고.

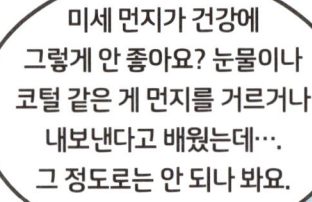

젤리O가 여기까지 말하고 나자, 갑자기 현관 번호키 누르는 소리가 들렸어. 삐삑삐삐.

"오늘아, 아빠 왔어."

아빠? 설마 아빠가 벌써 집에 온 거야? 안 돼! 몰래 알파링에 접속했다는 걸 아빠에게 들키고 싶지 않단 말이야! 젤리O, 믿을 건 너뿐이야!

"어디 갔나? 아휴. 힘들다…."

맙소사! 아빠가 방에 들어왔어. 나는 숨조차 쉴 수 없었지. 아빠는 피곤했는지 책상 의자에 앉아 눈을 감았어.

평소엔 잘도 끊더니!

앗! 갑자기 아빠가 선풍기를 틀었어. 어쩌지?

선풍기 바람에 몸이….

젤리O와 나는 어디론가 빨려 들어가고 있었어! 어둡고 습한 게 꼭 지하실 같았어. 그런데 젤리O는 어디로 갔지?

이렇게 된 이상 뭘 어쩌겠어. 젤리O에게 맡기는 수밖에.
젤리O는 갑자기 스피커 모드가 되더니 큰 목소리로 말했어.

아빠는 먼지떨이를 들고 코를 간질였어.
재채기가 곧 날 것 같았지만 쉽지 않았어.

드디어 아빠가 시원하게 재채기를 했어. 그 순간 젤리O와의 접속이 끊어지고 원래 내 모습으로 돌아왔지.

"오늘아, 대체 이게 어떻게 된 일이야?"
"아빠….".

젤리O의 날씨 특강

건강을 위협하는 대기 오염 물질 5

1. 오존 O_3

지표면 부근 대기에 배출되어 기체 상태로 대기를 떠돌아 다니던 유기 화합물 들이 자외선과 반응하여 만들어진 오염 물질이에요. 대기 위쪽에서 자연적으로 만들어진 오존은 자외선을 차단하죠. 이 덕분에 식물과 동물들은 안정적으로 살아갈 수 있어요. 하지만 지표면 근처에 있는 오존은 사람 몸에 몹시 안 좋아서 각종 염증을 일으키고 식물이 자라는 걸 방해한답니다.

2. 미세 먼지

대기 중에 떠다니는 지름 10마이크로미터 이하의 물질이에요. 호흡기에 들어가면 여러 질병을 일으키는데, 특히 아주 작은 미세 먼지는 폐까지 들어가서 매우 위험하죠. 미세 먼지 역시 식물이 자라는 걸 방해하고, 미세 먼지가 심한 날에는 먼 곳에 있는 건물이나 지형이 잘 보이지 않아 항공기가 결항되기도 해요.

3. 일산화 탄소 CO

연료를 태울 때 발생하는 기체예요. 주로 탈것에 쓰는 연료를 태울 때 발생하고, 주방에서 요리할 때, 혹은 담배를 피울 때도 발생해요. 일산화 탄소는 사람 몸속에서 산소를 운반하는 능력을 떨어뜨려요. 몸속에 일산화 탄소 농도가 높으면 생명이 위태로워지기도 하죠.

4. 이산화 질소 NO_2

일산화 질소가 대기 중에서 반응하여 발생해요. 자동차나 발전소, 혹은 화학 물질 제조 공장에서 나오죠. 호흡기에 다양한 질환을 일으키고 식물의 생장을 방해한답니다.

5. 아황산 가스 SO_2

화석 연료가 탈 때 발생해요. 주로 발전소나 난방 장치, 공장 시설에서 배출되고 화산이나 온천에서도 발생해요. 고농도의 아황산 가스에 노출될 경우 호흡기와 심장에 질환을 일으켜요. 산성비의 주요 물질로도 알려져 있어요.

출처: 한국환경공단

　아빠가 들려준 알파링의 비밀은 이랬어. 우리 할아버지 존함은 오구름, 아빠 이름은 오태풍. 이름만 봐도 짐작할 수 있다시피 날씨 덕후 집안이지.

　알파링은 할아버지가 날씨 예보 프로그램에 증강 현실 기술을 녹여 만든 장치래. 할아버지가 미처 완성하지 못하고 돌아가신 후, 아빠가 발전시켜서 초현실적인 체험까지 가능하게 한 거고.

아직 미완성 단계에 있는 프로그램인데, 나는 타고난 똥배짱으로 경험한 거야. 나는 이 집안 사람이라서 생체 인식도 통과할 수 있었던 거지.

나는 진심으로 아빠에게 사과하기로 했어.

 아빠, 허락도 없이 알파링을 써서 미안해.

 아냐. 아빠는 네가 알파링을 체험했다는 게 대견해.

 그런데 아빠… 할아버지랑 아빠는 왜 이런 걸 만들었어? 그리고 이렇게 놀라운 프로그램을 왜 세상에 알리지 않아?

 할아버지는 꽤 오래전부터 기후가 변하고 있다는 사실을 알고 환경 운동에 인생을 바치셨어. 할아버지는 오늘이 같은 아이들에게 아름다운 기후를 보여 주고, 기후 변화 때문에 생기는 환경 문제를 알리려고 알파링을 개발하신 거야. 완성하기 전에 돌아가시고 말았지만….

그랬구나. 할아버지는 훌륭한 분이셨네. 그동안 왜 얘기해 주지 않았던 거야?

 할아버지는 사람들에게 알파링의 존재가 너무 일찍 밝혀지면 웃음거리가 될 거라고 생각하셨어. 오늘이도 체험해 봐서 알겠지만 너무 말도 안 되는 프로그램이잖아. 그래서 완성이 될 때까지는 비밀로 하라고 하셨거든.

 그랬구나.

할아버지는 항상 방에 틀어박혀서 뭔가에 열중하셨어. 그때부터 알파링을 개발하고 계셨던 거구나. 아, 이 끈질긴 날씨 덕후 집안 같으니라고!.

아빠는 뭔가 굳은 결심을 한 듯 나에게 말했어.

 오늘아, 오늘은 아빠하고 할아버지가 가장 정성 들이셨던 프로그램에 접속해 보지 않을래?

 응? 그게 뭔데?

 지구 곳곳에서 이상 기후를 체험하는 프로그램이야.

 응. 좋아. 그리고 아빠.

 응?

 화내지 않아서 고마워.

 아빠가 나를 혼내는 대신 대견하다고 생각해 준 게 진심으로 고마웠어. 이 와중에 딴청을 부리며 한 번도 내 편을 들어 주지 않은 젤리O는 역시… 아우, 얄미워!

혹시 호로록 둘러본다고 해서 호로록 투어? 작명 센스가 별로인 건 정말 어쩔 수 없나 봐.

정말로 눈을 살짝 감았을 뿐인데 벌써 나를 둘러싼 공기가 빠르게 이동하는 느낌이었어.

여긴 대체 어딜까?

펭귄 가슴털이 왜 흙투성이야?

눈이 많은 극지방이라서 그래요. 하지만 지구 온난화 때문에 빙하가 많이 녹아서 예전보다는 덜한 거랍니다. 그리고 여긴 야생 동물이 많이 살고 있으니 목소리를 낮춰 주세요.

여긴 어디예요? 왜 이리 눈이 부셔요?

아, 오늘아, 저기!

아빠가 손가락으로 가리킨 곳에는 펭귄 무리가 보였어. 덩치가 좀 큰 펭귄이더라고. 그런데 생각보다 지저분하네? 이 동네 펭귄은 몸을 안 씻나 봐.

아빠가 펭귄이 들으면 섭섭해할 소리 하지 말라며 손사래를 쳤어. 옆에 있던 젤리O는 한숨을 한 번 쉬더니 이렇게 말했어. 대체 프로그램 캐릭터에 한숨 쉬는 버릇을 넣은 건 할아버지야, 아빠야? 으~ 기분 나빠!

펭귄이 이렇게 흙투성이가 된 건 지구 온난화 때문이에요.

지구 온난화요?

원래 아델리 펭귄은 얼음 위에서 살아요. 그런데 남극 빙하가 많이 녹아 버려서 아델리 펭귄이 사는 터진이 흙과 물로 뒤범벅이 되었죠. 진흙이 온몸에 엉겨 붙어 우리가 보던 뽀얀 펭귄이 아닌 거예요. 어린 펭귄은 아직 털에 방수 기능이 없어서 진흙투성이가 되어 젖은 채로 지내면 저체온증으로 목숨을 잃기 쉽다고 하니 큰일이죠.

젤리O의 설명을 듣고 나니 가슴이 철렁 내려앉았어. 자세히 보니 유독 몸집이 작은 펭귄이 더러워 보였지. 환경 운동가인 할아버지의 손녀로서 이대로 두고 볼 수는 없어!

나는 당장 팔을 걷어붙였어.

아빠가 내 소매를 잡아끄는 바람에 주저앉아 버렸지만, 마음이 너무 아팠어. 당장 가서 아기 펭귄을 깨끗이 닦아 주고 안아 주고 싶은데, 한 마리라도 살리고 싶은데…. 환경 운동을 하던 할아버지의 안타까움이 이런 것이었을까?

맙소사! 살 곳이 없어서 죽다니…. 너무 슬픈 이야기라 순간 얼음처럼 굳어 버렸어.

북극에 사는 원주민들도 살아가기 힘든 건 마찬가지예요. 빙하가 녹으면 예전보다 물자를 수송하기 어렵고, 이동도 쉽지 않으니 점점 고립되어 가지요.

젤리O가 덧붙인 애기에 나는 할 말을 잃었어. 지구가 뜨거워진다는 게 이런 거였구나.

으흑. 아빠, 너무 슬퍼요.

슬퍼하기엔 너무 일러요. 이제 호로록 투어 두 번째 장소로 출발할까요?

이사 갈 나라를 구해야 한다고?

어서 오세요. 여긴 몰디브랍니다.

어머? 여긴 신혼여행으로 자주 오는 곳 아닌가요? 역시 아름답네요.

이성의 덩어리라 할 수 있는 젤리O가 보기에도 그래요. 그런데 이렇게 아름다운 곳이 사라질 위기에 처해 있어요.

아빠의 설명은 이랬어.
해수면이 점점 높아질수록
지대가 낮은 나라는 물에
잠길 가능성이 있대. 어떤 과학자들은 2100년쯤에는 몰디브에
사람이 살기 힘들 거라고 주장한다고 해.

젤리O가 덧붙인 설명에 따르면, 어디까지나 예측이기는 하지만 해양수산부도 우리나라 해수면이 해마다 꾸준히 높아지고 있다는 걸 확인했대. 그러니 해수면 상승으로 인해 살 곳을 잃는다는 게 꼭 남의 일만은 아닌 거지.

2050년이면 난 겨우 40살이 넘었을 땐데…. 한숨이 절로 나오네.

아빠는 이런 나를 보며 빙긋 웃었는데 그 미소가 조금 슬퍼 보였어.

그럴 만도 해. 하지만 미리 미래를 걱정하며 우울해하는 건 아무 도움이 안 되지. 분명 지금 우리가 할 수 있는 일이 있을 거야.

자, 그럼 호로록 투어 다음 장소로 이동할까요?

코알라가 사람에게 물을 얻어 마신다고?

이번엔 너무 뜨겁잖아! 젤리O는 나를 대관령 명태처럼 얼렸다 녹였다 할 셈인 걸까?

앗, 뜨거워! 여긴 어디예요?

호주 뉴사우스웨일스주예요. 조심하세요. 안전한 곳으로 모시긴 했지만 산불 때문에 뜨거우니까요.

아빠의 손끝은 내 또래 여자아이를 가리키고 있었어. 엇? 그런데 대체 저 아이는 뭘 하는 거지?

호로록 투어는 이름과 달리, 시간이 갈수록 가슴이 먹먹해지는 투어지 뭐야. 나를 왜 이런 데로 데리고 온 걸까? 나는 누구에게랄 것도 없이 물었어.

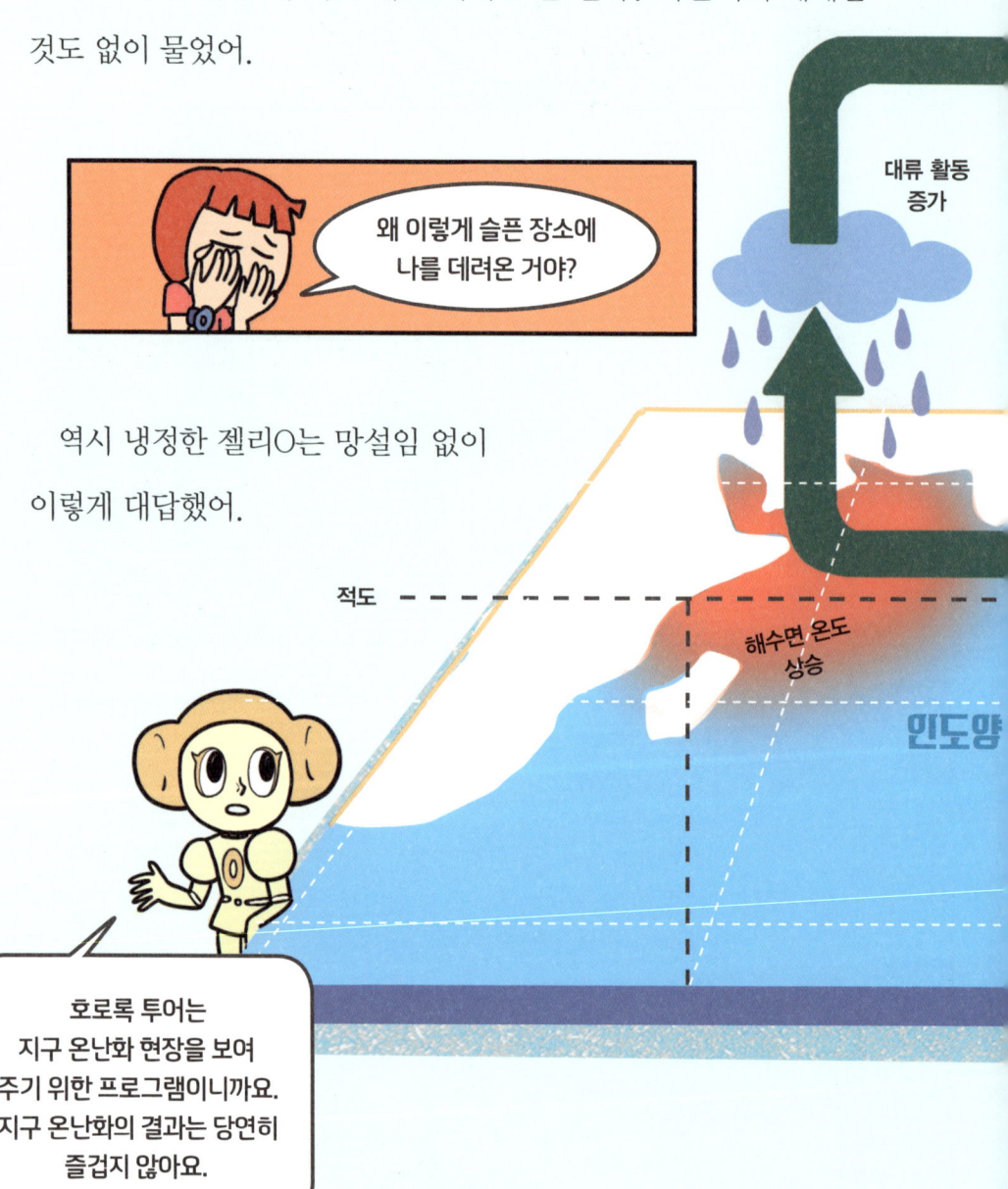

"왜 이렇게 슬픈 장소에 나를 데려온 거야?"

역시 냉정한 젤리O는 망설임 없이 이렇게 대답했어.

"호로록 투어는 지구 온난화 현장을 보여 주기 위한 프로그램이니까요. 지구 온난화의 결과는 당연히 즐겁지 않아요."

그런데 산불은 지구 온난화랑 무슨 상관이에요?

호주는 인도양에 붙어 있는데, 지구 온난화 때문에 인도양 서쪽에는 비가 많이 내리고 동쪽, 그러니까 호주 대륙 쪽은 기온이 올라가면서 건조한 날씨가 계속되었죠. 오랫동안 비가 오지 않아 땅도 건조하고 공기도 건조해서 불이 너무 크게 번진 거예요.

적도

해수면 온도 하강

강수량 감소

호주

젤리O의 설명을 듣고 나는 아무 말도 할 수가 없었어.

오늘 양이 너무 슬퍼하는 것 같아 젤리O 마음도 안 좋네요.

하얀 산호초가 좋아, 알록달록 산호초가 좋아?

피곤하고 생각이 많아져서 잠시 눈을 감았을 뿐인데, 다시 눈을 떠 보니 맙소사! 이번엔 물속이었어.

"으아아아아, 아빠! 바닷속에 들어올 거면 미리 얘기를 해 줘야지!"

"걱정 마세요. 젤리O가 문제없이 호흡을 도와드릴 겁니다."

과연 물속에 있는데도 불편하기는커녕 동네를 산책하듯 편안하더라고.

"오늘아, 여기를 봐."

아빠 얘기를 듣고 보니 하얀 산호들이 어딘지 을씨년스러워 보였어. 주변에는 물고기도 별로 없는 것 같고 말이야.

아빠는 이렇게 말하고는 하얀 산호를 물끄러미 바라보았어. 대신 젤리O의 설명이 이어졌지.

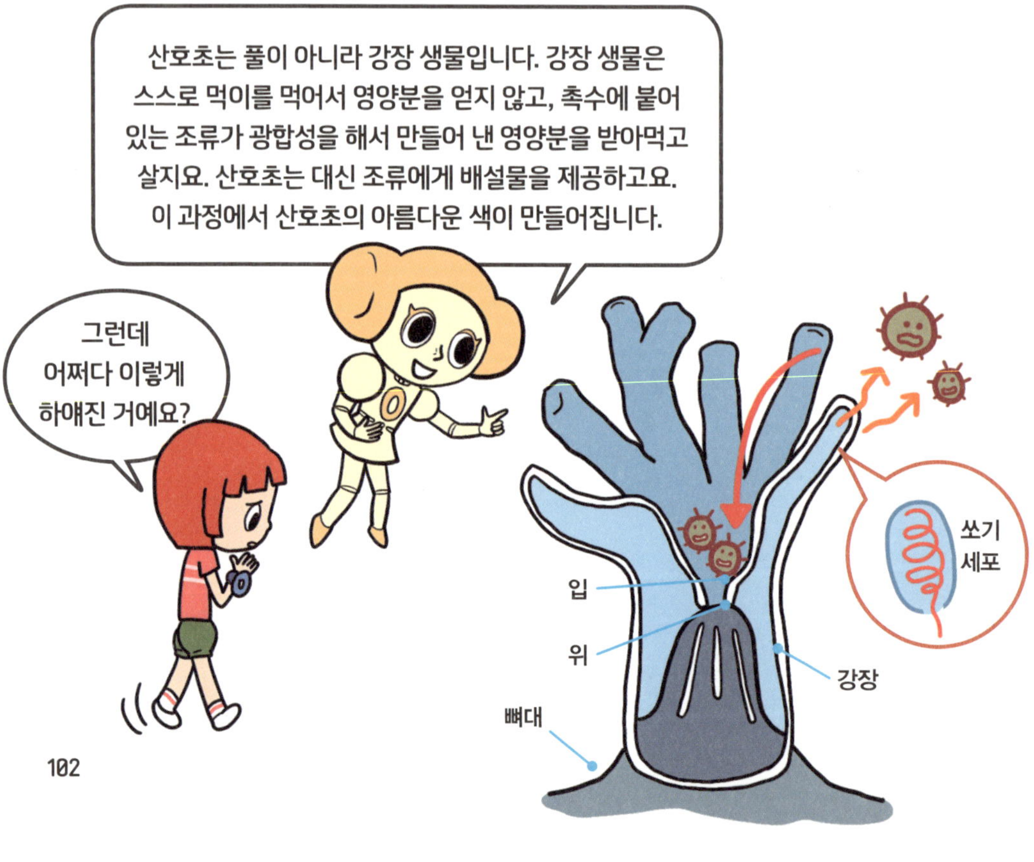

산호초는 풀이 아니라 강장 생물입니다. 강장 생물은 스스로 먹이를 먹어서 영양분을 얻지 않고, 촉수에 붙어 있는 조류가 광합성을 해서 만들어 낸 영양분을 받아먹고 살지요. 산호초는 대신 조류에게 배설물을 제공하고요. 이 과정에서 산호초의 아름다운 색이 만들어집니다.

그런데 어쩌다 이렇게 하얘진 거예요?

쏘기 세포

입
위
강장
뼈대

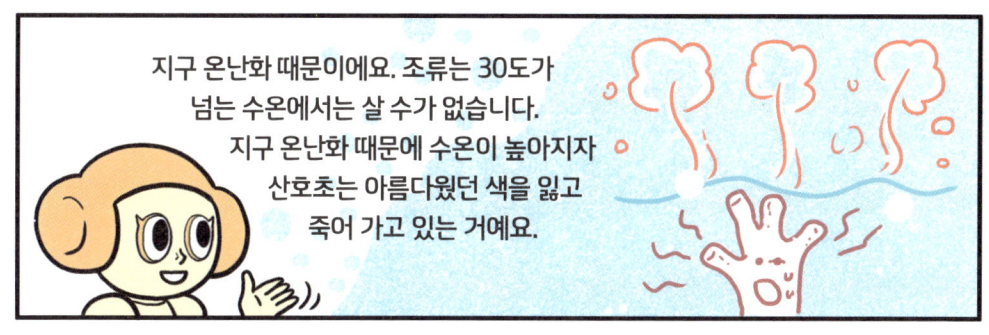

"지구 온난화 때문이에요. 조류는 30도가 넘는 수온에서는 살 수가 없습니다. 지구 온난화 때문에 수온이 높아지자 산호초는 아름다웠던 색을 잃고 죽어 가고 있는 거예요."

여기까지 이야기를 듣고 나서, 나는 질문이 하나 생겼어.
아까부터 말이 없던 아빠에게 조심스럽게 물어보기로 했지.

"아빠, 안타깝긴 한데…. 산호초는 바다에서 그냥 가만히 있는 생물인 것 같은데 이게 그렇게 중요한 일이야?"

"내 말은, 더 중요한 일에 관심을 둬야 되지 않냐고."

"자연에서 일어나는 일 중에 의미가 없는 일은 없어."

"게다가 산호초의 역할은 결코 작지 않아. 산호초는 바다에 사는 동물들의 은신처야. 열대 우림을 두고 '생물 다양성이 높다'라고 하잖아? 열대 우림이 사라지면 수많은 생물이 멸종되고 생태계가 위험에 빠진다고 하지. 산호초는 바닷속의 열대 우림이라고 생각하면 돼. 산호초가 사라지면 해양 생태계가 망가지는 것은 물론이고, 인간도 큰 피해를 겪게 될 거야."

인간이 쏘아 올린 너무 뜨거운 공, 지구 온난화

우리 셋은 잠시 해변에 앉았어. 나는 아무 말도 할 수 없었고, 조금 지치기도 했어. 젤리O는 평소처럼 꼿꼿하게 서 있었지만 역시 아무 말도 하지 않았고, 아빠는 나를 흘긋 쳐다보고는 겨우 이렇게 말을 걸었어.

나는 왠지 따지는 듯한 말투로 물었어. 그럴 만도 하지 않아? 어른들이 뭘 어쨌길래 세상이 이렇게 된 거냐고. 아빠도 이런 내 마음을 눈치챈 걸까. 조용한 목소리로 설명하기 시작했어.

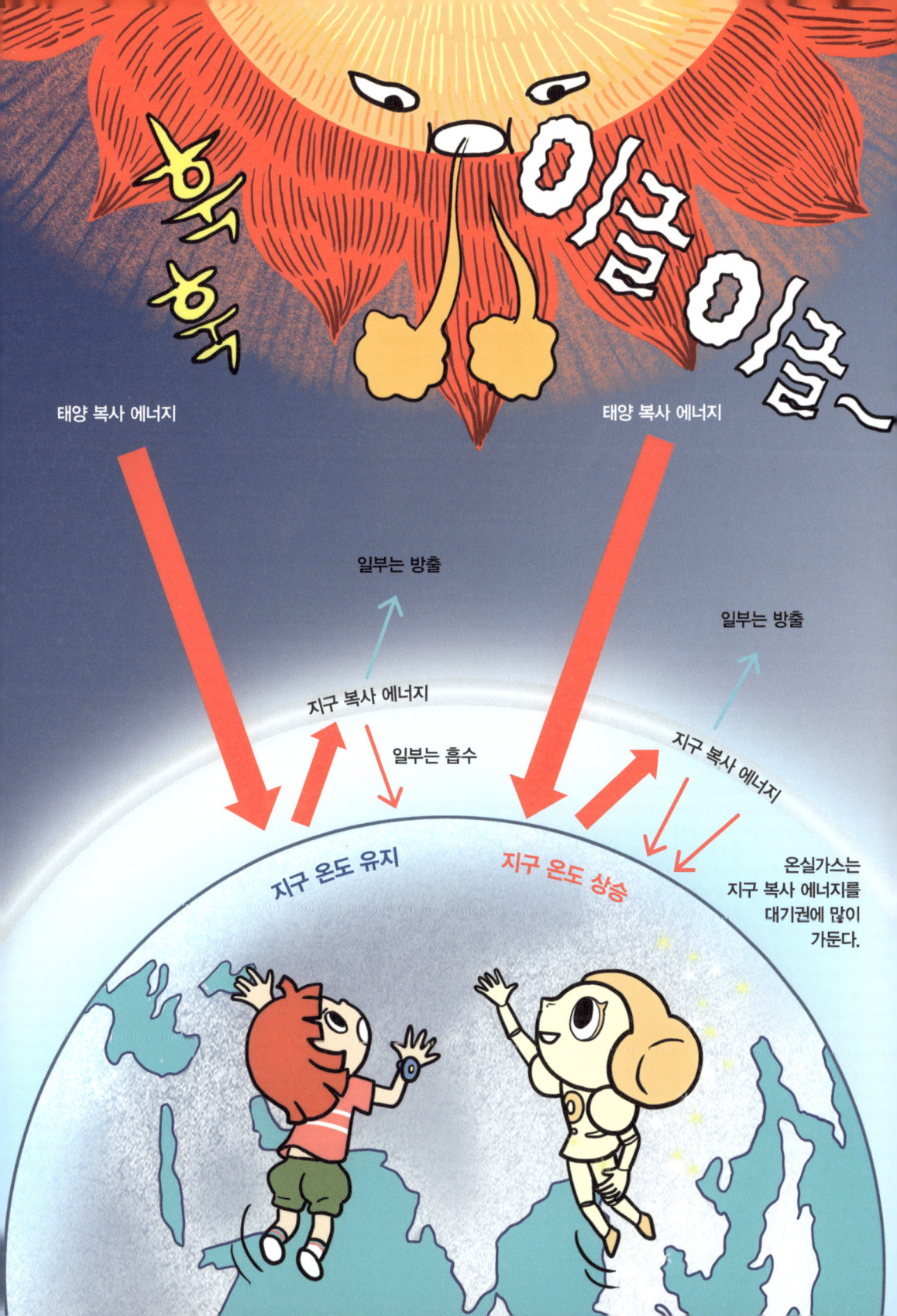

젤리O가 묘하게 담담하고도 냉정한 목소리로 대답했어. 그리고 덧붙였지.

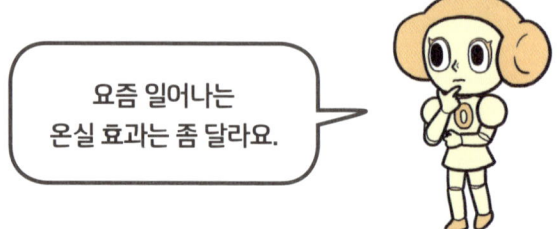

아, 이번에도 역시 사람이 뭔가 잘못했구나. 이쯤 되니 자세히는 몰라도 대충 다음 얘기를 짐작할 수 있겠더라고.

네, 그래요. 산업화 이후 석유나 석탄 같은 에너지를 많이 태워서 공기 중에 이산화 탄소가 급격히 늘어나자 온실 효과는 적당한 수준을 넘어섰어요. 이산화 탄소뿐만이 아니라 고기를 먹기 위해 인간이 너무 많은 가축을 키우니 메테인이 급증했죠. 또 농작물을 많이 수확하려고 비료를 뿌리면서 이산화 질소가 증가했고요. 이런 식으로 너무 많은 온실가스가 대기를 차지하게 된 거예요.

여기까지 듣고 보니 나는 도리어 희망이 생긴 거 있지? 정말 좋은 아이디어가 떠올랐거든!

둘은 진심으로 당황한 눈치였어. 아빠는 좀 슬퍼 보이기도 했고.

아빠는 내 말에 굳은 얼굴로 생각에 잠긴 듯했어. 잠시 뒤에 내가 물었지.

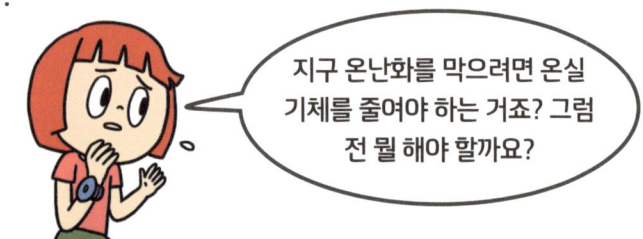

젤리O가 여기까지 얘기하고 나자 아빠가 젤리O를 향해 손을 들어 보였어. 그만 얘기하자는 뜻이었나 봐.

"젤리O, 오늘이에게 너무 우울한 이야기만 하는 건 아닐까?"

"아, 그랬나요?"

"오늘아, 젤리O의 말대로 환경이 나빠지고 기후도 점점 안 좋은 쪽으로 변하고 있어. 하지만 아빠는 이렇게 생각해. 어떤 상황에서도 개인의 힘은 결코 약하지 않다고. 오늘아, 우리는 우리가 할 수 있는 작은 일을 하자."

"그래야 날씨 덕후 집안의 아이지!"

"아빠…."

"녀석, 감동받은 모양이구나. 역시!"

"호로록 투어는 여기서 마치도록 하겠습니다. 오늘 양, 마스터."

"고마워요, 젤리O."

"오늘 함께한 일은 영광이었어요."

이렇게 우리 셋의 첫 투어는 끝났어.

"안녕~"

젤리오의 날씨 특강

기후 변화 협약이란?

정식 이름은 '기후 변화에 관한 국제 연합 기본 협약'이에요. 1992년 브라질 리우데자네이루에서 열린 국제환경회의에서 채택한 협약이지요. 이 협약 내용 중 가장 중요한 것은 '지구의 기후가 인간의 활동으로 인해 위협받지 않도록 온실가스 배출을 줄인다.'예요.
그러나 여기에 참여한 대부분의 나라에서 온실가스를 줄이기는커녕 오히려 늘이기만 했죠. 그래서 약속을 더 구체적으로 할 필요가 생겼어요. 1997년 일본에서 열린 제3차 당사국 총회에서는 교토의정서를 채택했어요.
교토의정서는 온실가스를 각 나라가 얼마나 줄일지, 또한 어떻게 줄일지를 구체적으로 분명히 했어요. 각 나라가 사정에 따라 배출할 수 있는 온실가스 양을 정했는데, 여기에는 이유가 있어요. 이미 선진국 대열에 늘어선 나라는 온실가스를 실컷 배출하고 경제 성장을 이루었는데 경제 발전을 막 시작한 나라가 같은 수준으로 온실가스 배출을 줄여야 한다면 불공평하니까요.
또한 온실가스를 약속한 것보다 더 많이 줄이는 데 성공했을 경우에는 남은 배출분을 다른 나라에 팔 수 있다는 조항도 있어요. 우리나라 역시 2007년, 이 협약에 함께했어요.
협약이 잘 지켜져서 지구가 더는 고통받지 않는 날이 와야겠죠?

날씨 사랑은 계속된다

"오늘도 불볕더위가 이어지겠습니다. 서울 경기 지역의 낮 기온은…."

텔레비전을 켜니 마침 아빠가 기상 예보를 하고 있네.

아빠가 내 이름을 오늘이라고 지은 이유는 일하면서도 항상 나를 기억하고 싶어서였대. 또 뭉클할 뻔했네, 훌쩍.

그리고 마지막으로 이상 기후 프로그램, 호로록 투어를 마치면서 이런 말을 했어.

"날씨 변화를 사랑하는 우리 집안에서 가장 중요한 건 '오늘'이지."

이거 내 얘기인 거 맞지?

비록 맨날 사고만 치고 나를 힘들게 하지만, 역시 미워하긴 좀 그래. 대충만 미워하기로 하자.

"평소보다 물을 많이 마시고 야외 활동에 유의하시기 바랍니다. (1초 침묵) 으하하하, 퇴근이다!"

헉. 뭐야. 이번엔 방송이 끝나기도 전에 깨방정을 떨면서 춤을 춰?

내일도 학교에서 조용히 지내긴 글렀군.

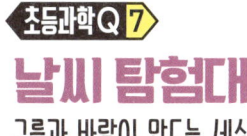

날씨 탐험대
구름과 바람이 만드는 세상

초판 1쇄 발행 2020년 10월 26일
초판 7쇄 발행 2025년 3월 5일

글 이진규 | **그림** 김소희 | **감수** 허창회
편집 이선아 · 김채은 | **디자인** 샘솟다
제작 박천복 김태근 고형서
펴낸이 김경택
펴낸곳 (주)그레이트북스
등록 2003년 9월 19일 제313-2003-000311호
주소 서울시 구로구 디지털로31길 20 에이스테크노타워5차 12층
대표번호 (02) 6711-8673
홈페이지 www.grealbooks.co.kr

ISBN 978-89-271-9694-5 74400
　　　　978-89-271-9560-3 (세트)

※ 이 책은 저작권법에 따라 보호받는 저작물이므로 무단전재와 무단복제를 금합니다.

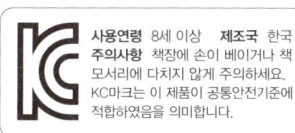